Los Niños y la Ciencia

Números

Aaron Carr

El enriquecido libro electrónico AV² te ofrece una experiencia bilingüe completa entre el inglés y el español para aprender el vocabulario de los dos idiomas.

This AV² media enhanced book gives you a fully bilingual experience between English and Spanish to learn the vocabulary of both languages.

Spanish

English

Navegación bilingüe AV²
AV² Bilingual Navigation

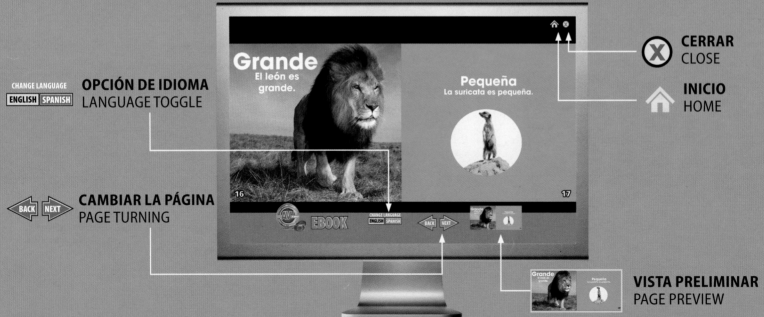

CHANGE LANGUAGE / **ENGLISH SPANISH**
OPCIÓN DE IDIOMA
LANGUAGE TOGGLE

BACK **NEXT**
CAMBIAR LA PÁGINA
PAGE TURNING

CERRAR
CLOSE

INICIO
HOME

VISTA PRELIMINAR
PAGE PREVIEW

2

Números

CONTENIDO

2 Código del libro AV²

4 Uno

6 Dos

8 Tres

10 Cuatro

12 Cinco

14 Seis

16 Siete

18 Ocho

20 Nueve

22 Diez

uno

1

Hay
un guepardo.

2

dos

1 2

Hay
dos gacelas.

7

tres

Hay tres cebras.

cuatro

● ● ● ●
1 2 3 4

Hay
cuatro elefantes.

cinco

● ● ● ● ●
1 2 3 4 5

Hay
cinco gorilas.

13

seis

● ● ● ● ● ●
1 2 3 4 5 6

Hay
seis suricatos.

15

7

siete

1 2 3 4 5 6 7

Hay
siete flamencos.

ocho

● ● ● ● ● ● ● ●
1 2 3 4 5 6 7 8

18

Hay
ocho jirafas.

nueve

1 2 3 4 5 6 7 8 9

Hay nueve lémures.

10

diez

● ● ● ● ● ● ● ● ● ●
1 2 3 4 5 6 7 8 9 10

Hay
diez leones.

¡Visita www.av2books.com para disfrutar de tu libro interactivo de inglés y español!

Check out www.av2books.com for your interactive English and Spanish ebook!

1 **Entra en www.av2books.com**
Go to www.av2books.com

2 **Ingresa tu código**
Enter book code

> M 2 3 0 1 3 6

3 **¡Alimenta tu imaginación en línea!**
Fuel your imagination online!

www.av2books.com

Published by AV² by Weigl
350 5th Avenue, 59th Floor New York, NY 10118
Website: www.av2books.com   www.weigl.com

Library of Congress Cataloging-in-Publication Data

Carr, Aaron.
 [Numbers. Spanish]
 Números / Aaron Carr.
   p. cm. -- (Los niños y la ciencia)
 Audience: K to grade 3.
 ISBN 978-1-62127-609-8 (hardcover : alk. paper) -- ISBN 978-1-62127-610-4 (ebook)
 1. Counting--Juvenile literature. 2. Animals--Juvenile literature. I. Title.
 QA113.C37318 2014
 513.2'11--dc23
                          2013001860

Printed in the United States of America in North Mankato, Minnesota
1 2 3 4 5 6 7 8 9 0 17 16 15 14 13

032013
WEP050313

Project Coordinator: Aaron Carr
Spanish Editor: Tanjah Karvonen
Design: Mandy Christiansen

Every reasonable effort has been made to trace ownership and to obtain permission to reprint copyright material. The publishers would be pleased to have any errors or omissions brought to their attention so that they may be corrected in subsequent printings.

Weigl acknowledges Getty Images as the primary image supplier for this title.